Réveille-toi !

Patricia Penot

Réveille-toi !

© 2018 Patricia Penot

Illustrations : **Mireille Josselin**

Edition : BoD - Books on Demand
12/14 rond-point des Champs Elysées
75008 Paris
Imprimé par BoD – Books on Demand, Norderstedt
ISBN : 978-2-3221-4609-3
Dépôt légal : **07-2018**

Je dédie ce livre à vous, les enfants d'aujourd'hui, les petits comme les grands, pour que vous gardiez confiance dans ce que vous savez être. Osez partager avec tous la mémoire de vos origines et la conscience de la vie en toute chose.

Chapitre 1

Petit morceau de charbon de bois était là, tout seul, posé sur ce sol marron, fait de terre et de cailloux compressés. Il était tout petit, et pourtant, semblait être fait d'une solidité telle qu'on aurait pu croire qu'il était aussi fort qu'une statue de pierre.

Il était là, posé dans la pénombre, conscient de son existence en tant que petit morceau de charbon de bois. Il se sentait rempli de beaucoup de chaleur. Il était heureux d'être ce qu'il était, même s'il ne savait pas vraiment à quoi il servait.

De temps en temps, il se posait des questions. A quoi pouvait-il être utile dans son monde ? Il avait l'air d'être fait de la même matière que le sol. Est-ce qu'il nourrissait cette terre ? Est-ce qu'il devait la défendre ? Ou juste être là pour partager ses connaissances ? Ou alors, c'était un « éclaireur », prêt à ouvrir de nouveaux chemins.

Mais vers où ? Il ne le savait pas…. Cela avait-il vraiment de l'importance ? Tout semblait bien tel que c'était.

Petit morceau de charbon de bois n'avait pas la notion du temps qui passait. Parce qu'il avait l'impression de faire partie du temps.

Il y avait des moments de lumière et des moments d'ombre qui s'alternaient. Il se sentait plein d'énergie le jour, et quand la nuit arrivait, il avait envie de ne plus rien faire. Juste de fermer les yeux et de se laisser bercer par la terre, sa mère, sur laquelle il reposait. Tout lui semblait en ordre parfait, tel qu'il le vivait.

Chapitre 2

Puis, un jour, il entendit un murmure surgir en lui. C'était comme un chuchotement léger. Comme le bruissement du vent dans le feuillage d'un arbre.

Au début, il le mit de côté en pensant que ce n'était rien. Il continuait de vivre la vie qui lui semblait être la meilleure. En tout cas, celle qu'il connaissait bien, parfaitement, et dans laquelle il se sentait en sécurité, sans se préoccuper de quoi que ce soit d'autre.

Mais le chuchotement ne l'entendait pas ainsi. Par moment, il se faisait plus fort. Cela troublait Petit morceau de charbon de bois car il ne pouvait plus se concentrer. En plus, il ne comprenait rien à ce que ce chuchotement semblait vouloir lui dire.

Au fil des jours, le chuchotement se fit de plus en plus fort, sans que Petit morceau de charbon de bois ne perçoive le sens d'un quelconque message. Alors, il essayait de détourner son attention, en sifflotant ou en chantant plus fort que lui.

Jusqu'au moment où le chuchotement devint une parole audible pour Petit morceau de charbon de bois. Comme une voix profonde venant de l'intérieur d'une caverne et qui lui disait : « Réveille-toi ! ». La voix était très claire et limpide. Elle répétait sans cesse ces deux mots : « Réveille-toi ! ».

« Se réveiller de quoi ? se demandait Petit morceau de charbon de bois. Je n'ai pas l'impression de dormir. Je suis là, présent dans mon monde. Je suis éveillé à ma nature de petit morceau de charbon de bois. Je sais qui je suis… »

Petit morceau de charbon de bois ne comprenait pas ce que ce message signifiait. Alors, encore une fois, il le mit de côté….

Chapitre 3

Le temps passait ! La vie continuait comme elle avait toujours été. Mais il y avait quand même une différence. Car le message était passé. La conscience de Petit morceau de charbon de bois l'avait entendu.

De temps en temps, allongé sur le sol, Petit morceau de charbon de bois se posait de nouvelles questions.

« Que je me réveille… Cela voudrait-il dire que je suis endormi ? ».

Petit morceau de charbon de bois laissait son esprit s'envoler dans le ciel.

« Si je suis endormi, cela voudrait-il dire que je rêve ce que je suis en train de vivre ? Ce ne serait donc pas la réalité... ».

C'était difficile pour Petit morceau de charbon de bois d'envisager la vie sous ce nouvel angle, parce qu'il avait vraiment l'impression que tout était réel dans son monde.

Il se sentait bien seul dans ses réflexions. Personne n'était là pour l'aider, ni pour lui dire s'il était sur la bonne voie.

Chapitre 4

La voix ne se manifestait plus maintenant. Petit morceau de charbon de bois s'était calmé. Jusqu'au jour où une sorte de broussaille était arrivée près de lui.

C'était une belle broussaille. Elle avait des couleurs nuancées de vert clair, de vert émeraude, de vert jaune, de vert bleuté. Elle était magnifique. C'était comme si elle était ciselée. Son branchage ressemblait à un tissu finement brodé. On avait envie d'en prendre soin tellement elle semblait fragile. En même temps, on sentait bien qu'elle avait une expérience, une aisance qui rassurait.

« Bonjour, dit Broussaille à Petit morceau de charbon de bois.

- Bonjour. Que fais-tu là ? demanda Petit morceau de charbon de bois.

- Je me promène au gré du vent et de l'histoire. Aujourd'hui, le vent m'a emmenée un peu plus loin que d'habitude, répondit Broussaille. Alors, je me suis laissée porter. J'adore vivre de nouvelles expériences. Découvrir de nouvelles sensations, rencontrer des choses que je ne connais pas… Tout cela me fait du bien ! compléta Broussaille.

- Tu en as de la chance, souffla Petit morceau de charbon de bois avec une grimace sur son visage. Moi, je ne peux rien faire d'autre que d'être à la place où je suis. Je pensais que c'était suffisant en soi. Mais aujourd'hui, je m'interroge.

- Tu t'interroges sur quoi ? questionna Broussaille.

- Je m'interroge sur l'intérêt d'être à cette place. A quoi je sers, finalement. Comme je n'ai pas de réponse, je me sens déprimé. Avant, j'étais heureux de vivre, je ne me posais pas de question. Tout me semblait simple… Et puis, il y a eu ce jour où….

- Le jour où quoi ? demanda Broussaille, en l'interrompant, montrant ainsi son intérêt pour la suite de son histoire.

- Le jour où j'ai commencé à entendre ce chuchotement…

- Qu'est-ce qu'il disait ? questionna alors Broussaille.

- C'était un chuchotement, ni plus, ni moins. Cela n'avait pas de sens pour moi. Alors, je l'ai mis de côté. Mais ce chuchotement ne voulait pas s'arrêter. »

Petit morceau de charbon de bois se tut alors pour prendre une grande respiration.

Chapitre 5

Et alors ? poursuivit Broussaille, avec un ton insistant, comme si elle avait besoin de tout savoir le plus rapidement possible.

- Et alors…. » Petit morceau de charbon de bois, sentant son empressement, faisait durer un peu le suspense.

« … Et alors, le chuchotement est devenu une voix claire et compréhensible.

- Et que disait cette voix ? interrogea Broussaille.

- Réveille-toi, répondit Petit morceau de charbon de bois.

- Réveille-toi, c'est tout ? rétorqua Broussaille, l'air un peu déçu.

- Oui, c'est tout. Mais c'était déjà beaucoup, parce que depuis, je me pose plein de questions sur ce que cela peut bien vouloir dire, renchérit Petit morceau de charbon de bois.

- C'est un message qui réveille ta curiosité en tous cas, souligna Broussaille. Quelles idées te sont parvenues en réponse à tes questions ?

- Pour l'instant, pas grand-chose ! s'exclama Petit morceau de charbon de bois. Je suis toujours en train de me questionner. Ma vie n'est plus la même, tu comprends Broussaille ? Je ressens en moi comme une insatisfaction qui fait que je ne peux plus être aussi heureux qu'avant.

- C'est bon, une insatisfaction, répondit Broussaille.

- Ah bon ? s'étonna Petit morceau de charbon de bois.

- Oui, cela veut dire que tu es arrivé au bout de quelque chose. En questionnant sans vouloir à tout prix trouver des réponses, tu ouvres un nouvel espace en toi qui va certainement t'emmener vers de nouvelles possibilités. » conclut Broussaille d'un ton affirmé.

Petit Morceau de charbon de bois se redressa et sentit une énergie nouvelle monter en lui.

- J'ai vécu un peu ce genre de chose, moi aussi, confia Broussaille à Petit morceau de charbon de bois. Ce n'était ni un chuchotement, ni une voix, qui en a été le déclencheur… mais la rencontre avec quelqu'un.

- Ah oui ! dit Petit morceau de charbon de bois. Tu veux bien me raconter ?

- Bien sûr ! répondit Broussaille. D'autant que je me souvienne, j'ai l'impression de toujours avoir été une broussaille. Mais quand j'y repense bien, il fut un temps où je n'étais qu'une racine dans la terre. Ma vie était souterraine. J'avais des prolongements fins, filandreux et multiples qui me permettaient de m'accrocher à la terre et de naviguer à l'intérieur d'elle. C'était royal parce que j'avais l'impression de grandir tout en étant dans une sécurité extrême. Parfois, je rencontrais des structures différentes. Alors qu'en général, la texture de la terre était assez molle, parfois, elle devenait dure. Et je devais alors contourner ce « dur » pour pouvoir continuer à m'étendre. »

Petit morceau de charbon de bois restait accroché aux paroles de Broussaille.

Chapitre 6

C'est alors qu'il est arrivé, poursuivit Broussaille.

- Qui est arrivé ? » demanda Petit morceau de charbon de bois, alors qu'elle se taisait quelques instants, comme si elle voulait reprendre son souffle.

« Lui, l'Escargot, exprima Broussaille comme une évidence.

- L'Escargot ? Qu'est-ce que c'est ? questionna Petit morceau de charbon de bois, semblant curieux de découvrir quelque chose.

- Tu ne sais pas ? lui rétorqua Broussaille avec surprise.

- Ben non ! lui répondit-il froissé. Je n'ai jamais vu, ni entendu parler de l'Escargot. »

Broussaille avait radouci sa voix.

« Un escargot, c'est un être vivant, du monde animal.

- Du monde animal ? répéta avec étonnement Petit morceau de charbon de bois.

- Oui, du monde animal, confirma Broussaille. Moi, je suis du monde végétal, et toi, tu es du monde minéral.

- Tu en sais des choses ! rétorqua Petit morceau de charbon de bois étonné.

- Vois-tu, c'est tout ce que j'ai appris depuis que j'ai effectué ma transformation, poursuivit Broussaille.

- Ta transformation ? Ouah, que d'informations nouvelles… J'apprends que je suis du monde minéral… qu'il existe des mondes différents… que l'Escargot a été le déclencheur d'une transformation pour toi… Par quoi on continue ? finit par dire Petit morceau de charbon de bois. »

Il était bousculé et en même temps, ravi de cette nouvelle amitié qui lui apportait tant d'éclairages sur la vie et l'existence.

Chapitre 7

Broussaille reprit avec simplicité.

« Je vais te parler de l'Escargot. C'est un être vivant que j'ai rencontré, qui pense, qui se déplace et qui a vécu des tonnes d'expériences dans sa vie.

- Est-ce que ça veut dire que si je ne bouge pas, je ne peux pas vivre d'expériences ? demanda Petit morceau de charbon de bois, touché par ce que venait de dire Broussaille.

- Non, bien sûr que non, excuse-moi... » rétorqua-t-elle rapidement. Elle avait bien compris la maladresse qu'elle venait de faire.

« Ce n'est pas ce que j'ai voulu dire. En fait, nous vivons tous des expériences qui sont en relation avec notre nature première. Mais cette nature peut évoluer, s'enrichir, se transformer, au fur et à mesure que nous gagnons en confiance et en maturité d'être. Nous créons ainsi de nouvelles possibilités pour notre futur.

Tu fais partie du monde minéral. Ton expérience première peut être d'apprendre à être calme dans l'immobilité. Au moment où tu t'y attendras le moins, il est possible que tu vives une situation qui te fera toucher un autre aspect de toi. Comme moi ! De racines à buissons, de l'ombre à la lumière, déclara Broussaille. Chaque monde est différent, mon Ange. Peut-on dire que l'un est meilleur que l'autre ? acheva-t-elle avec un ton chaleureux.

- Non, ce serait juger ! s'exclama Petit morceau de charbon de bois. Je préfère penser que nous pouvons choisir les expériences que nous avons envie de vivre, même si je ne sais pas trop comment tout cela se passe.

- Tout à fait, répliqua Broussaille. Nous ne pouvons pas savoir de quoi sera fait le futur d'un être vivant. Car une chose censée être immobile pourrait être déplacée par une tierce personne ailleurs. Avec un nouvel éclairage, il se pourrait qu'une autre facette de soi se révèle. Tout est tellement imprévisible. C'est ce qui nous permet d'être dans l'espoir et l'ouverture à tous les possibles, conclut Broussaille.

- Ah ! Tout ce que tu me dis me plaît beaucoup, proclama Petit morceau de charbon de bois, quelque part rassuré. »

Il adressa un grand « Merci » haut et fort à Broussaille, avec un sourire qui voulait en dire long.

Chapitre 8

Revenons à l'Escargot, entama à nouveau Broussaille. Il a un corps mou à l'intérieur d'une coquille qui le protège des dangers extérieurs et il rampe sur le sol. Un jour, j'ai senti l'Escargot passer au-dessus de ma tête.

- Comment as-tu su qu'il passait au-dessus de ta tête, puisque tu étais dans le sol, si j'ai bien compris ce que tu m'as dit tout à l'heure ? rebondit Petit morceau de charbon de bois.

- En fait, j'ai senti une vibration résonner dans la terre et elle s'est transmise à toutes mes racines, répondit Broussaille. J'ai voulu savoir ce qu'il se passait et j'ai décidé de faire sortir ma tête de la terre.

- Waouh ! Comment as-tu réussi à le faire ? répliqua Petit morceau de charbon de bois, avec stupéfaction.

- Je ne sais pas trop bien. Juste que je l'ai souhaité intensément et qu'en moi, j'avais la sensation de ce que ce serait d'avoir la tête hors de terre. Et le miracle s'est produit. Un bourgeon de mes racines est sorti juste sous le nez de l'Escargot. Il s'est arrêté net. Il a baissé son regard vers moi, se demandant probablement ce que pouvait bien être ce bourgeon sortant du dessous de la terre.

Et je l'ai vu… Pour la première fois, j'ai vu la lumière du ciel et du soleil. » dit avec émoi Broussaille.

Chapitre 9

Petit morceau de charbon de bois en frissonnait. Il venait de trouver une amie, partageant avec lui son histoire. Il commençait à percevoir le sens du mot « transformation » dont Broussaille lui avait parlé ; une possibilité qui existait en chaque être vivant sur terre. Il commençait à comprendre, à toucher du doigt, ce que pourrait vouloir dire « se réveiller ».

« En voyant cette lumière toute nouvelle du ciel, mon état d'esprit s'est ouvert à tant de possibilités que j'en ai eu la tête qui s'est mise à tourner, continua à raconter Broussaille. J'avais de nouveaux buts dans ma vie. J'avais exploré à fond l'intérieur de la terre, et maintenant, j'avais la possibilité de continuer mon exploration à sa surface.

Alors, j'ai décidé de continuer à développer mon bourgeon. Je me plaisais à faire cela. Je vivais de nouvelles sensations m'apportant un nouveau sens de liberté. Je vibrais au plus profond de mes fibres. »

Cette histoire plaisait bien à Petit morceau de charbon de bois car elle lui apportait tant d'idées nouvelles. Qu'un autre être vivant puisse vivre cela, lui donnait aussi la permission d'envisager cette expérience possible pour lui-même.

Une question restait malgré tout.

Si les racines, nature première de la broussaille, s'étaient transformées en bourgeons, quelle pourrait-être la nature de la transformation suivante pour un petit morceau de charbon de bois ?

Il laissa cette question en suspens car pour l'instant, il n'en avait pas la moindre idée, laissant Broussaille continuer son récit.

« Alors, d'un bourgeon, j'en devins deux, puis quatre, puis dix. Et de bourgeons, je suis devenue petites branches. L'impression que cela me procurait de changer d'état était très agréable. Je me suis rendue compte que j'adorais la nouveauté, et l'autonomie qu'elle portait avec elle.

- Cela ne t'a jamais fait peur ? susurra Petit morceau de charbon de bois.

- Peur ? Qu'est-ce que cela veut dire ? s'étonna Broussaille.

- Sentir en toi comme une inquiétude, une forme de mollesse intérieure, une interrogation sur ce que va être la suite ? compléta Petit morceau de charbon de bois.

- Oui, à certains moments, je me suis posée quelques questions. Et puis, j'ai décidé de laisser tomber ces questions. J'étais trop prise par l'expérience nouvelle et de tout ce qu'elle me procurait d'agréable, de beau et de bon. Je n'avais pas envie de gâcher ce que j'étais en train de vivre alors que c'était plaisant pour moi.

- C'est donc possible de ne pas avoir peur lorsque l'on change de forme ? questionna à nouveau Petit morceau de charbon de bois, avec encore de l'inquiétude dans sa voix. »

Broussaille commençait à faire sentir un énervement dans le mouvement de ses branchages. Elle ne voyait pas ce qu'il y avait d'effrayant dans le changement pour l'avoir vécu elle-même. Elle continua donc son histoire.

« Quand mes branches ont été bien développées, il s'est passé quelque chose d'extraordinaire ! Mes racines sont sorties de terre.»

Chapitre 10

Petit morceau de charbon de bois en était bouche bée.

« Il y a eu comme un grand coup de vent qui m'a soulevée de terre et j'ai commencé à m'envoler, poursuivit Broussaille. J'avais une impression de légèreté, pouvant choisir d'aller où je voulais. Cela n'avait rien à voir avec le dessous de la terre, où je devais presque ramper, écrasée par un poids sur mes racines. Alors que là, tout en moi virevoltait dans l'air, comme de multiples ailes de papillons. »

Petit morceau de charbon de bois sentait toute la joie et l'émerveillement que Broussaille revivait en se souvenant de ce moment précieux.

« J'avais envie de me laisser porter par le vent. De ne plus rien contrôler, suivre simplement le mouvement de l'air et voir où il m'emmènerait. Quel bonheur !

- Qu'est-ce que je t'envie, partagea avec un peu de nostalgie dans la voix Petit morceau de charbon de bois.

- Tu n'as rien à m'envier, répondit Broussaille. Toi aussi, tu as cette possibilité de changer d'état et de vivre de nouvelles choses. Même si tu ne sais pas encore aujourd'hui quelle est la forme qui dort en toi.

- Tu as raison, répondit Petit morceau de charbon de bois. Comment faire pour avoir cette information ? »

Broussaille prit un instant de silence pour réfléchir.

« D'abord, en te faisant confiance, car cette information est en toi, lui assura-t-elle. Ensuite, essaie de laisser faire ton imagination. Questionne ton intuition, comme par exemple, quelle est la partie de toi qui dort encore, ou comment peux-tu contribuer à ton monde. D'autant plus que tu as une voix qui t'a déjà parlé ! » lui avait rappelé Broussaille.

Chapitre 11

Petit morceau de charbon de bois était rêveur.

« Réveille-toi » voulait peut-être dire « ouvre tes yeux à qui tu es au fond de toi », ou « exprime toutes tes possibilités », ou pourquoi pas, « décide de vivre ta vie autrement ».

Il savait que sa matière était faite de charbon, de densité, de couleur sombre et noire. Comment pouvait-il en être autrement ?

Des idées prenaient forme dans sa tête. Et si le noir était l'ensemble des couleurs dans la matière… La nuit est l'inverse du jour… Le jour est porteur de lumière… Peut-être que la lumière pouvait être rapprochée du blanc… Et si le blanc était l'ensemble des couleurs dans la lumière… Du noir au blanc… Du sombre au lumineux.

Plongé dans ses pensées, Petit morceau de charbon de bois avait oublié la présence de Broussaille, qui restait patiemment à l'observer.

« Coucou, je suis là ! finit-elle par dire.

- Ah oui, répondit Petit morceau de charbon de bois. J'étais en train de me demander en quoi je pouvais me transformer. Est-ce que ma matière pouvait changer de matière ? Ou est-ce que je pouvais changer de couleurs ? Ou de forme ? »

Petit morceau de charbon de bois s'excusa sincèrement d'avoir mis de côté Broussaille de cette manière.

Chapitre 12

En toi sont toutes les réponses, lança Broussaille en commençant à s'agiter. Et je crois que je ne pourrai pas contribuer davantage car je n'ai encore jamais rencontré un petit morceau de charbon de bois qui s'est transformé.

- Quel dommage, répondit Petit morceau de charbon de bois. Tu m'aurais encore bien aidé. Mais bon ! Grâce à toi, je m'ouvre à cette possibilité de transformation et je verrai bien ce qu'il va se produire. J'ai envie de faire confiance dans la vie.

- Oui, mon très cher Petit morceau de charbon de bois ! Je te souhaite vraiment d'y arriver, du fond du cœur. Ce n'est que de la joie et du bonheur, exprima Broussaille. »

Petit morceau de charbon de bois était tout heureux de cet échange.

« Maintenant, il est temps pour moi de continuer ma route, conclut Broussaille. J'ai vraiment été ravie de te rencontrer, mon Petit Cœur, et de partager ce moment avec toi. Et si en plus, cela t'aide à y voir plus clair dans ta vie, alors c'est un ravissement de plus qui va venir nourrir mon branchage.

- Merci aussi à toi, répondit Petit morceau de charbon de bois. J'ai tellement adoré ce moment passé avec toi. Je te souhaite une bonne continuation. Profite bien de tout ce que tu vas rencontrer.

- Je n'y manquerai pas. » répondit Broussaille, avant de disparaître à l'horizon de la planète.

Chapitre 13

Petit morceau de charbon de bois se retrouvait à nouveau seul, mais tellement enrichit de tous ces éclaircissements. Il était temps pour lui de se reposer. Avant de s'endormir, des mots nouveaux résonnaient dans sa tête : briller, éclats, lumière…

Pendant cette nuit spéciale, il fit un très joli rêve. Il était posé dans un endroit éclairé. Il était cristallin, quasiment translucide. Sa transparence laissait luire sa brillance. Des rayons de couleurs lui parvenaient de toutes ses facettes. Il savait qui il était. Il ne s'interrogeait plus. Il connaissait le sens de son existence.

C'était un diamant. Il était précieux et on le chérissait pour cela. Sa nature de diamant le rendait heureux. On l'aimait pour cela. Il était capable de faire briller l'arc-en-ciel en reflet sur toutes les choses qui l'entouraient et on l'admirait pour cela.

C'était un artiste. Il réagissait en fonction de la lumière et toutes les couleurs de la terre pouvaient scintiller grâce à lui. Il était là pour ajouter de la beauté à la vie de ceux qui étaient dans son monde.

En se réveillant après cette nuit magique, Petit morceau de charbon de bois souriait. Il venait enfin de découvrir quelle était sa véritable nature. Il était un diamant brut. Il connaissait maintenant le prochain pas à faire pour son évolution.

Tout mettre en œuvre pour devenir un beau diamant, brillant et étincelant. Et cela lui réjouissait le cœur et l'esprit.

Il avait enfin compris ce que voulait dire « Réveille-toi » !

DE LA MEME AUTEURE

Aux Editions BoD

Quand nous nous retrouverons – Histoire d'Amour – 12/2016

Aux Editions Baudelaire

Il était une fois une histoire d'âme - Nouvelle – 11/2010

Aux Editions Ao Vivo

Il était une fois une histoire d'âme – Format Kindle – 07/2013

Aux Editions Solar

Plonger au cœur de soi même quand cela semble impossible – Réflexions et pratique – 02/2014

Quatre étapes et je lâche prise – Tutos – Préfacé par Frédéric Lenoir – 02/2015

Aux Editions Voolume

CD1 – Sophrologie, La dimension corporelle, un chemin vers soi – Conférence et exercices guidés – 03/2015

CD2 – Je lâche prise – Méditations guidées – 05/2015

CD3 – Sophrologie, La dimension mentale, une histoire de pensées – Conférence et exercices guidés – 12/2015

CD4 – Sophrologie et Vitalité – Conférence et exercices guidés – 09/2016

CD5 et CD 6 – Sophrologie - Les Relaxations Dynamiques 1 à 4 – Conférence et exercices guidés – 06/2018

Pour suivre les actualités et formations de Patricia Penot
www.authentiqueetlibre.com
www.evolutionsophroformation.com

Loi n°49-956 du 16 juillet 1949 sur les publications destinées à la jeunesse, modifiée par la loi n°2011-525 du 17 mai 2011.

© 2018 Patricia Penot

Illustrations : **Mireille Josselin**

Edition : BoD - Books on Demand
12/14 rond-point des Champs Elysées
75008 Paris - France
Imprimé par BoD – Books on Demand, Norderstedt, Allemagne
ISBN : 978-2-3221-4609-3
Dépôt légal : **07-2018**